ÉTUDES DE PHILOSOPHIE NATURELLE

N° 4

DE L'ORDRE ET DU MODE

DE

DÉCOMPOSITION DE LA LUMIÈRE

PAR LES PRISMES

PAR

J.-ÉMILE FILACHOU

DOCTEUR ÈS-LETTRES.

Observa diligenter.
DEU...

MONTPELLIER

TYPOGRAPHIE ET LITHOGRAPHIE DE BOEHM ET FILS

PLACE DE L'OBSERVATOIRE

1870

En Vente chez SEGUIN, Libraire

rue Argenterie, 25, à Montpellier

OUVRAGES DU MÊME AUTEUR

Examen de la rationalité de la Doctrine Catholique. 1 vol. in-8°. 1849.

La clef de la Philosophie ou la vérité sur l'Être et le Devenir. 1 vol. in-8°. 1851.

Traité des Facultés. 1 vol. in-8°. 1859.

De Categoriis. Dissertatio philosophica. 1 vol. in-8°. 1859.

Principes fondamentaux de Philosophie mathématique. 1 vol. in-8°. 1860.

De la pluralité des mondes. 1 vol. in-12. 1864.

Traité des Actes, Sommaire de Métaphysique. 1 vol. in-12. 1862.

ÉTUDES DE PHILOSOPHIE NATURELLE

N° 1. Système des trois règnes de la nature. 1 vol. in-12. 1864.

N° 2. Réponse directe à M. Renan, ou démonstration philosophique de l'incarnation. 1 vol. in-12. 1864.

N° 3. De l'expérience de Monge au double point de vue expérimental et rationnel. 1 vol. 12. 1869 (3° édition).

Montp. — Typogr. Boehm et Fils.

ÉTUDES DE PHILOSOPHIE NATURELLE

Nᵒ 4

DE L'ORDRE ET DU MODE

DE

DÉCOMPOSITION DE LA LUMIÈRE

PAR LES PRISMES

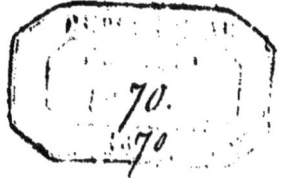

ÉTUDES DE PHILOSOPHIE NATURELLE
N° 4

DE L'ORDRE ET DU MODE

DE

DÉCOMPOSITION DE LA LUMIÈRE

PAR LES PRISMES

PAR

J.-ÉMILE FILACHOU

DOCTEUR ÈS-LETTRES.

Observa diligenter.
DEU...

MONTPELLIER

TYPOGRAPHIE ET LITHOGRAPHIE DE BOEHM ET FILS
PLACE DE L'OBSERVATOIRE

1870

AVANT-PROPOS

La 3ᵉ édition du nᵒ 3 de ces Études était à peine achevée, quand il nous vint pour la première fois en pensée de voir comment se comporterait le verre ordinaire essayé dans les mêmes circonstances que les cristaux uniaxes ou biaxes et les verres trempés. Procédant aussitôt à l'épreuve, nous reconnûmes immédiatement qu'une lame épaisse, de la nature de celles qu'on emploie pour les expériences de polarisation par pression ou flexion, reproduisait parfaitement le phénomène d'*inversion* à l'instar des uniaxes, mais qu'elle se refusait par là même à reproduire celui de *non-inversion* propre aux biaxes. Il n'en fallait pas davantage pour nous porter à conclure que, ce qui pouvait et devait dans ce cas étonner, ce n'était point le phénomène d'*inversion* tant admiré des physiciens, mais bien celui de *non-inversion* dont ils ne parlent pas ; car, tandis que le premier est commun à toutes les substances transparentes cris-

1

tallisées ou non, le second beaucoup plus rare en est particulier, en quelques cas seulement, aux substances cristallisées suivant le type des biaxes. On conçoit donc qu'alors, s'il nous eût été possible de revenir sur l'Appendice du n° 3, nous l'eussions rédigé dans un tout autre sens. Mais d'abord, et d'après ce qui précède, nous n'eussions eu pour cela nul besoin d'en rien retrancher ni rétracter ; et, sous ce rapport déjà, nous n'avions point à regretter notre publication. Puis, comment ne pas prévoir encore que le nouvel aperçu signalé tout à l'heure ne manquerait point aussi, probablement, de se confirmer et de s'étendre par de nouvelles observations ? Ce qui n'était pas dit ne perdait donc rien à se laisser en quelque sorte mûrir avant d'être mis au jour ; et c'est ainsi qu'insensiblement nous avons été conduit, soit à tenter, soit à décrire les nouvelles expériences confirmant les précédentes, dont nous venons aujourd'hui faire part au public. Du reste, ces nouvelles expériences seront bientôt (nous en avons la pleine confiance) reconfirmées et complétées par d'autres analogues ; et, le nombre s'en accroissant sans cesse, on sera bien enfin forcé de revenir sur certains principes de l'Optique que l'on a formulés ou prônés trop légèrement.

Longtemps nous avions cru que, si les savants physiciens n'étaient point toujours d'excellents logiciens, ils étaient, au moins, d'incomparables observateurs ; nous croyons maintenant qu'il ne faut pas même se fier à leurs yeux, et en voici une preuve que nous aimons à signaler entre autres. Dans l'expérience dite des *spirales* d'Airy, quand on met deux quartz de gyration contraire entre deux tourmalines, on aperçoit deux *S* entrecroisées, dont les quatre bouts s'infléchissent toujours, suivant les physiciens, dans le sens de la gyration du quartz *qui est en avant*, dit M. Daguin (IV, 620), *qui précède l'autre*, dit M. Billet (II, 491), c'est-à-dire, qui est le plus rapproché de l'origine. Quand donc on place un quartz de gyration donnée, v. g. *dextrogyre*, sur le miroir de l'appareil de Norremberg, comme le rayon lumineux a deux fois à traverser le même quartz en sens contraire, on admet que ce quartz joue pour lors double rôle, et l'on identifie les deux expériences. Mais le quartz déposé sur le miroir étant dextrogyre au moins à l'aller, qui ne conclurait alors de là que, d'après la règle ci-dessus, ses spires doivent s'infléchir *à droite*? Or, il n'en est rien : avec un quartz dextrogyre, elles s'infléchissent *à gauche !*

A la fin de notre précédente brochure, nous avons

accusé les physiciens de sacrifier un peu trop à l'imagination; on va voir que cette accusation était bien méritée. Heureux d'avoir pu triompher (c'est son avis) de la difficile expérience des *spirales* d'Airy, M. Billet nous découvre le secret de son *succès* dans l'art d'*imaginer* et de faire intervenir à propos tous les rayons dont on a besoin, quand les rayons vus et aperçus ne sauraient suffire. Nous connaissions déjà ce talent d'invention des physiciens; mais, ce que nous ne savions pas, c'était jusqu'où, sous ce rapport, ils étaient capables d'aller; on ne nous croirait pas, si nous le disions nous-même; laissons parler M. Billet :« L'optique dit-il (II, 492), offre assurément de précieux exemples des *artifices* qui constituent nos *méthodes* et des *détours* auxquels il nous faut souvent recourir pour *concevoir* et calculer les phénomènes. Ici, par exemple, le *succès* s'obtient en *remplaçant un rayon donné par 32 rayons.* » Est-ce tout? Non ; écoutons encore :« Plus tard (§ 669), ce sera en une *infinité de rayons* qu'il sera décomposé ».

Quel succès !!!.. Mais ce n'est pas étonnant, avec tant de richesse. Quant on peut puiser à la mer, on est bien sûr de ne manquer jamais d'eau.

Montpellier, 21 janvier 1870.

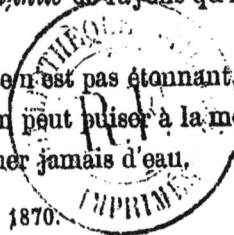

DE L'ORDRE ET DU MODE

DE

DÉCOMPOSITION DE LA LUMIÈRE

PAR LES PRISMES

----

1. Nous eussions bien désiré, plutôt que de continuer ici notre opposition à l'enseignement commun des physiciens modernes, déduire immédiatement, d'une exacte interprétation de l'expérience de Monge, les nouveaux principes de saine et large philosophie que nous avons en vue d'établir ; mais ayant voulu mettre la main à l'œuvre, nous n'avons pas été peu surpris de rencontrer sur nos pas en Optique, malgré que cette branche de la science physique passe pour la moins imparfaite de toutes, une foule d'autres questions incomprises ou faussement résolues; et, nonobstant alors notre sincère désir de mener promptement à bonne fin notre entreprise, nous avons dû forcément surseoir à son exécution pour la mieux assurer, en signalant et mettant spécialement en lumière les principaux points auxquels nous ne pouvions nous dispenser de toucher dans notre exposition.

Sans doute, il n'est pas un physicien de bonne foi qui ne confesse avec candeur les profonds mystères environnant le vaste champ de l'Optique moderne, *telle qu'on l'a faite* : par exemple, MM. Jamin, Daguin, sont pleins de ces aveux. Après avoir tenté de démontrer à la fin de son *Cours de Physique*, III, 798, que deux couleurs *complémentaires* se composent parfois comme les couleurs *réelles*, le premier ne craint point de dire ingénument : « Vouloir expliquer ces phénomènes me semble une chose impossible. » Le second, sans être aussi formel, dit implicitement la même chose en son grand *Traité de*

Physique, IV, 577 (3e édition), lorsque, après avoir d'abord réclamé pour l'Optique moderne l'avantage de rendre raison des faits les plus compliqués dans leurs plus fins détails, il en admet ici, *rétractatoirement,* d'assez obscurs où difficiles, pour lasser et désespérer même la plus patiente analyse. «Quand on veut circonstancier, dit-il, les différents détails du phénomène (des courbes autour des axes des cristaux à deux axes), les calculs se compliquent beaucoup ; nous nous contenterons donc de ces courtes indications. La complication est encore plus grande pour les phénomènes qui suivent (franges hyperboliques, dichroïsme); aussi, nous ne ferons que les décrire.»

Mais il n'y a point seulement des mystères à l'entour du vaste champ de l'Optique, il s'en rencontre jusque dans son centre ou dans les régions les plus familières aux physiciens, et réputées par eux connues sans doutes ni ténèbres. Est-ce que, en effet, les éléments de la théorie des cristaux, divisés en *uniaxes* et *biaxes*, sont aussi

purs et parfaits que le feraient supposer les
soins ou l'amour avec lesquels on les cultive ? Et
pour descendre encore plus bas, a-t-on, des phénomènes élémentaires de la *réflexion* et de la
réfraction, des notions complètes ou même exac-
tes ? Contre ceux qui le croiraient, nous n'hésite-
rions pas un instant à soutenir le contraire, s'il
entrait ici tant soit peu dans notre pensée de
traiter en détail ces diverses questions ; mais, ne
voulant pas nous étendre beaucoup d'une part, et
jaloux de ne rien avancer sans preuve, de l'autre,
nous nous emparerons d'un fait suffisamment
propre à démontrer sommairement notre assertion, et ce fait sera l'*ordre de réfrangibilité* des
couleurs, d'où nous avons déduit, en le généra-
lisant, le titre de ce nouvel écrit.

Examinant le cas de la décomposition de la
lumière blanche par un prisme, la science n'a
certainement rien à changer en l'observation qui
s'en fait ; et tout ce qu'il nous est donné de percevoir ou découvrir par les sens, elle doit alors
le constater avec autant de soin que de franchise.

Mais, comme la Science est en définitive une application réfléchie de l'intelligence, aussi bien à *discerner* les faits qu'à les *saisir*, s'il en surgit d'opposés ou de contradictoires, comme le sont par exemple ceux de vie et de mort, de ténèbres et de lumière,.... elle doit convenablement s'apercevoir aussi de ce fait additionnel d'opposition ou de contradiction, et cela sous peine d'aveuglement ou d'ignorance. Ce n'est pas tout; en admettant que la contradiction existe entre divers *faits naturels*, alors nécessairement exclusifs l'un de l'autre, on ne saurait dire qu'elle siége au sein même des *forces naturelles*, évidemment moins passagères ou plus immanentes que de simples faits, et dès lors aussi, moins exclusives. La même Science, déjà tenue d'enregistrer les faits contradictoires, doit donc se compléter en discernant jusqu'aux moyens absolus de les réaliser, et remontant à leurs causes effectives ou sous-tendantes. Une fois déterminé, par conséquent, à porter ici notre investigation sur le grand fait de la décomposition par les prismes de la lumière blanche en sept couleurs primitives, nous avons trois choses à rechercher, savoir : 1° Si ce fait général est vraiment le siége d'une contradiction flagrante ; 2° Si, jusqu'à ce jour, cette contradiction a été connue des physiciens ; 3° Si, non reconnue par hypothèse, elle méritait pourtant de l'être par sa double importance théorique ou pratique. Et, là-dessus, nous démontrerons effectivement : d'abord, qu'elle est flagrante; puis, qu'elle est restée jusqu'à ce jour inconnue de tous ; et, enfin, qu'elle est aussi féconde en applications qu'aisément résoluble en principe.

2. Pour constater, en premier lieu, la contradiction inhérente au grand fait de la décomposition par les prismes de la lumière blanche en sept couleurs primitives, nous n'aurons presque pas besoin de parler nous-même ; il nous suffira de citer un auteur classique, M. Ganot, dont le *Traité de Physique* à déjà vu et peut-être dépassé sa 12° édition. Cet auteur, commençant par exposer le phénomène de la décom-

position de la lumière blanche émanée du soleil, s'exprime de la sorte aux pages 465 et 466 :

« Quand la lumière *blanche*, c'est-à-dire, celle qui nous arrive du soleil, passe d'un milieu dans un autre, elle n'est pas seulement déviée, *elle est décomposée en plusieurs espèces de lumière*, phénomène que Newton a le premier fait connaître, et qu'on désigne sous le nom de *dispersion*.

Fig. 372.

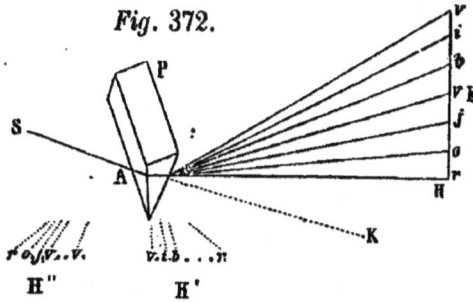

» Pour démontrer que la lumière blanche est décomposée par l'effet de la réfraction, on reçoit dans une chambre obscure un faisceau de lumière solaire *SA* (*fig.* 372), à travers une petite ouverture pratiquée dans le volet. Ce faisceau tend à aller former en *K* une image ronde et incolore du soleil ; mais si l'on interpose sur son passage un prisme de flint-glass *P*, disposé horizontalement, le faisceau, à l'entrée et à la sortie du prisme, se réfracte vers la *base* de celui-ci, et au lieu d'une image ronde et incolore, on reçoit sur un écran éloigné, une image *H*, qui dans la direction horizontale est de même dimension que le faisceau primitif, mais oblongue dans le sens vertical, et colorée des belles teintes de l'arc-en-ciel. Newton a donné à cette image colorée le nom de *spectre solaire*. »

Passant ensuite à l'exposition du phénomène des couleurs propres aux objets vus au travers d'un prisme, le même auteur ajoute, page 476 :

« Lorsqu'un corps est vu au travers d'un prisme, les portions de son contour parallèles aux arêtes du prisme paraissent colorées des teintes des spectres. Ce phénomène s'explique par l'inégale réfrangibilité des rayons lumineux réfléchis par le corps. Si l'on regarde, par exemple, une bande très-étroite de papier blanc collée sur un carton noir, avec un prisme dont les arêtes lui soient parallèles, cette bande paraît colorée de toutes les couleurs du spectre, et c'est la teinte violette qui est la plus déviée vers le *sommet* du prisme. Dans cette expérience, la lumière blanche réfléchie par la bande de papier est décomposée à son passage dans le prisme, et la teinte violette, qui est plus réfrangible, est déviée davantage, ce qui la fait paraître plus re levée.»

Tels sont les faits relatés par un auteur non suspect et compétent; il est d'ailleurs aisé de les vérifier, et nous les avons vérifiés nous-même. Ils consistent, plus brièvement énoncés, en ceci :

Quand un rayon de lumière *blanche* solaire tombe sur un prisme, il est décomposé, et le violet, à l'opposite du rouge, est toujours refoulé vers la *base* du prisme.

Quand un rayon de lumière *blanche* émanant d'un corps quelconque autre que le soleil tombe sur un prisme, il est encore décomposé ; mais le violet, encore situé à l'opposite du rouge, est refoulé cette fois vers le sommet du prisme.

Là, la contradiction est flagrante et consiste en ce qu'on y dit à la fois le violet refoulé par réfraction, tantôt vers la *base*, tantôt vers le *sommet* du prisme.

3. Il ne s'agit pas encore de lever cette contradiction, mais d'examiner plutôt si les physiciens s'en sont aperçus avant nous. Nous reviendrons un moment, à cette fin, sur M. Ganot, pour savoir s'il a réellement eu conscience de la contradiction si bien établie par lui-même, et puis nous passerons en revue la plupart des autres auteurs connus de nous, et tous protérieurs à M. Ganot, tels que MM. Daguin, Jamin, E. Becquerel, Verdet, etc.

D'abord, il est manifeste pour nous que M. Ganot a formulé la contradiction actuelle sans en soupçonner le moins du monde l'existence, et nous puisons cette conviction autant dans ses raisonnements qu'en sa manière même de parler. Ne voulant pas nous arrêter longtemps sur cette dernière preuve, assez claire par elle-même, nous

nous contenterons de dire à cet égard : Évidemment, nul écrivain intelligent ne peut se voir
réduit à soutenir à peu de distance le pour et le
contre sur la même question, sans s'en étonner
et chercher au moins à déguiser à ses yeux l'embarras de ses idées. Or, M. Ganot ne dit rien qui
décèle un pareil embarras, et parle toujours
comme s'il n'existait pas. Il paraît donc déjà, par
la seule absence de toute préoccupation, n'avoir
point eu réellement conscience de la contradiction
présente. A cette première preuve nous joindrons
maintenant celle que nous tirons de l'ordre des
idées suivi par le même auteur, et que nous ne
jugeons pas moins péremptoire.

M. Ganot s'occupe d'abord, aux pages 465 et
466, comme on l'a vu par la première citation,
d'établir que, au moyen de la décomposition prismatique, les sept couleurs du spectre sont déviées
de la direction primitive du rayon blanc, et s'é-
talent dans un certain ordre qui refoule le violet
vers le *haut* de la *fig.* 572, ou la *base* du prisme ;
le rouge siégeant alors par là même au *bas* de

la figure. Comme, là, le violet et le rouge sont les couleurs extrêmes, les cinq autres couleurs du spectre s'approprient naturellement, chacune, l'une des places intermédiaires entre la *première* et la *septième*, à partir du *bas* ; et, réputant alors le rouge (comme moins dévié) moins réfrangible que le violet ; voyant d'ailleurs qu'entre le rouge et le violet s'étalent successivement l'orangé, le jaune, le vert, le bleu et l'indigo, M. Ganot en conclut qu'il y a lieu de dire graduellement l'orangé plus réfrangible que le rouge, le jaune plus réfrangible que l'orangé, etc. Raisonnant ainsi sur un *fait* d'observation bien et dûment constaté, qui est celui de l'*ordre apparent* des couleurs spectrales, il déduit d'une expérience constante la *loi* de réfrangibilité qui s'ensuit, ou bien, en d'autres termes, il procède de la *cause* à l'*effet*, et son raisonnement actuel est dès-lors tout *progressif*.

A la page 476 et dans le passage cité, son allure est, au contraire, toute autre. Ici, la *loi* déjà trouvée de réfrangibilité n'est plus, en effet, en question ; et l'auteur en doute si peu , qu'il y voit précisément le principe d'explication propre à rendre raison du phénomène offert par l'ordre inverse des couleurs , quand le violet émané du blanc des corps autres que le soleil, au lieu d'apparaître refoulé vers la base des prismes, siége vers le sommet. Or est-ce que M. Ganot n'aurait point eu par hasard en vue , dans cette circonstance, une nouvelle loi de réfrangibilité contraire à la précédente? Pas le moins du monde. Car, outre qu'il n'énonce rien de semblable, il suppose la loi de réfrangibilité *connue;* il la prend donc telle qu'elle est admise, et dit équivalemment ainsi : « Au moyen de cette loi, je vais expliquer le phénomène actuel , nouveau ou non. » Cette fois donc, il explique bien par la *loi* de réfrangibilité le *fait* des réfractions, ou remonte de l'*effet* à la *cause;* c'est pourquoi son raisonnement actuel est *régressif.*

Que le raisonnement soit, maintenant, progressif ou régressif , il doit contenir ou contient forcément dans les deux cas une chose identique, qui est la *liaison obligée* de la cause à l'effet, c'est-à-dire, ici, de l'*ordre observé* des réfractions à la *loi* de réfrangibilité. Qu'est-ce qui fait en effet la validité du second raisonnement (dit régressif) de l'auteur, si ce n'est la validité, présupposée constante, du premier?... Donc la relation entre la cause et l'effet ne change point dans les deux cas; et la seule chose qui varie, ce n'est point cette relation qui fait le nerf des deux raisonnements, mais leurs simples points de départ ou d'arrivée. Si, sous ce rapport, on formule le premier raisonnement ainsi :

« L'observation attentive des faits montre vers la *base* du prisme la couleur violette comme la plus déviée de toutes; donc cette couleur est *la plus réfrangible* »,
on pourra formuler très-légitimement le second en sens inverse, en disant :

« La couleur violette est *la plus réfrangible;* donc elle est celle qu'on doit apercevoir vers *la base* du prisme »;

Mais on ne pourra jamais dire en ce dernier

cas, sans forfaire à toutes les lois de la logique
ni choquer horriblement le bon sens:

« La couleur violette est *la plus réfrangible*;
donc elle doit être trouvée déviée vers le *sommet*
du prisme »;

car cette conséquence impliquerait un entier
renversement du *fait* et de la *loi* de réfrangibilité
déjà connus. Mais c'est bien ainsi, pourtant, que
raisonne M. Ganot. Cet auteur n'a donc pas com-
pris qu'ici le principe invoqué par lui faisait
complétement défaut, et, bien loin de motiver
sa conclusion, en exigeait une toute contraire.
Tout bon auteur est capable d'inadvertance,
d'inconséquence jamais; et la meilleure preuve
d'inadvertance est la franchise avec laquelle on
fournit de soi-même, au rang des moyens les
plus convaincants, les plus nuisibles à sa cause.
Nous venons de voir dans l'argumentation de
M. Ganot la même franchise et la même invalidité.
Cet auteur n'a donc pas eu réellement conscience
de la contradiction inhérente à sa manière de
voir.

4. **M. Ganot**, empêché par inadvertance d'apercevoir la contradiction impliquée par ses paroles, a cependant eu, nous le répétons, le mérite de la formuler le premier ; et ce mérite n'est pas à dédaigner. On n'a pas besoin de beaucoup réfléchir pour comprendre que, de tous les moyens de provoquer l'attention et d'inspirer des aperçus nouveaux, le meilleur ou le plus fécond est précisément cette même contradiction venant former comme une digue sur le cours des idées, et leur ménageant ainsi, pour l'instant de la rupture, une puissance de développement ou d'illumination supérieure à tous les obstacles. La découverte d'une contradiction réelle équivaut toujours à celle d'un problème nouveau pour la science. Il importe peu, dans l'intérêt général, que la résolution du problème une fois posé soit donnée par son inventeur lui-même ou par quelque autre individu plus attentif ou moins distrait. Car, a-t-on une seule fois la bonne chance de sentir une contradiction donnée : c'en est assez pour se sentir également, — autant que désagréablement arrêté

tout à coup dans son essor, — vivement stimulé
de renverser l'importune barrière, et d'envahir
alors en conquérant le champ indéfini dé la
science, que tant d'autres se contentent de par-
courir en curieux. Du reste, le mérite se constate
encore, à cet égard, par la rareté des inventeurs
de vraies contradictions données ou de problè-
mes utiles; et quand, sous ce rapport, nous
avons voulu consulter sur la question présente
les écrits des physiciens les plus célèbres de notre
âge, nous n'avons pas été peu surpris de ne
trouver en la plupart que des généralités inutiles
à reproduire. Par ex., M. Daguin s'exprime
ainsi dans le passage suivant, dont les dernières
lignes ne manquent pas d'à-propos (tom. IV,
pag. 218 et 219): «Les couleurs des corps sont
généralement composées: ainsi les matières tinc-
toriales, les pierres précieuses, les fleurs les plus
éclatantes, nous réfléchissent des rayons com-
posés, comme on peut s'en assurer en les regardant à travers un prisme; les bords parallèles
aux arêtes paraissent irisés. Pour analyser ces

couleurs, on applique sur la surface du corps une feuille de papier noir présentant une fente étroite, à bords soigneusement noircis; ou bien, quand cela est possible, on recouvre cette surface de noir de fumée, en laissant à découvert une bande très-étroite. On regarde ensuite cette bande, bien éclairée, à travers un prisme parallèle à sa direction, et l'on aperçoit un spectre dans lequel on distingue les couleurs simples qui forment la couleur composée du corps. Cette méthode n'est pas à l'abri de toute erreur, parce qu'il y a, le plus souvent, de la lumière blanche mêlée à la lumière colorée que réfléchit la surface.»

Mais si, sauf M. Ganot, tous les auteurs récents connus de nous se taisent à peu près complètement sur la question présente, c'est comme s'ils parlaient, et nous pouvons les juger de même. Serait-ce, en effet, leur faire ici le moindre tort que de les supposer connaissant, à peu près tous, l'ouvrage de M. Ganot, parvenu (comme nous l'avons dit) à sa 12e ou 13e édition, et répandu dans tous les lycées ou collèges de France?...

S'ils n'approuvaient point alors son enseignement,
ils auraient dû réclamer contre lui depuis longtemps, comme ils n'ont pas manqué de le faire
contre nous au sujet de notre précédent écrit
sur l'expérience de Monge. Or, ils ne se sont pas
seulement abstenus de réclamer ou de protester
à son adresse; écrivant après lui de bien plus
longs traités sur la matière, ils ont encore oublié
d'aborder le point en litige ou n'en ont parlé qu'à
demi-mot, comme si la chose était pour eux évi-
dente ou suffisamment exposée déjà[1]. Nous sommes donc en droit de les regarder tous comme
approuvant en plein l'enseignement de M. Ganot.
D'un autre côté, comment douter aussi que ce
dernier auteur, professeur émérite, non moins

---

[1] «Quand on regarde, dit M. Daguin (IV, 187) une ligne
lumineuse, ou une ligne blanche éclairée sur un fond noir, à
travers un prisme qui lui soit parallèle, on aperçoit un spectre
dont le violet se trouve du côté du sommet. C'est que la ligne
doit être considérée comme formée de lignes superposées présentant les diverses couleurs du spectre, et donnant des images
d'autant plus relevées vers le sommet que les rayons colorés
qu'elles émettent sont plus réfrangibles.» C'est bien là l'idée
de M. Ganot simplement commentée.

fidèle qu'habile à reproduire la doctrine des grands maîtres de la science physique (puisque dans le seul passage de son livre où il se permet d'exprimer un dissentiment, il ne laisse point de se conformer à l'usage), comment douter, disons-nous, que M. Ganot, appartenant en tout à la nouvelle école, en puisse être ou devenir exceptionnellement, sur le point particulier qui nous occupe, un infidèle ou mauvais interprète?... Cet auteur n'a donc pas plus ignoré l'enseignement commun, que les autres auteurs n'ont ignoré le sien; et, puisqu'il donne son explication comme conforme aux principes admis, toute l'école pense et raisonne comme lui. Ainsi, nous pouvons dire de tous les auteurs, comme de M. Ganot, que, ayant eu par hypothèse connaissance des termes de la contradiction, ils n'en ont point été frappés et l'ont laissé passer inaperçue.

5. Dans ce qui précède, nous avons déjà rempli les deux tiers de notre tâche, et démontré, d'une part, qu'il existe une contradiction sur

l'ordre apparent de réfrangibilité; d'autre part,
qu'en général on s'est contenté jusqu'à ce jour
de l'énoncer sans la comprendre ; et pour lors,
ce qui nous reste à faire, c'est d'en indiquer la
solution et montrer l'importance. Avant d'entrer
dans ces nouvelles recherches, nous demande-
rons la permission de rompre un moment ici
notre discours pour y placer une petite digression
dont la raison apparaîtra plus tard, quand il nous
sera donné d'y faire allusion et d'en tirer parti,
sans interrompre pour cela le fil de notre exposition.

Dans la fig. 372 de M. Ganot, cet auteur,
amenant un seul rayon incident *SA* sur le prisme,
oublie de dire si la décomposition de ce rayon
blanc en sept rayons colorés se produit, dès la
rencontre du prisme, tant sur sa première surface
que dans son intérieur, ou se déclare seulement,
à la sortie du prisme, sur sa seconde surface ;
mais, ce que M. Ganot ne dit point formellement,
M. Daguin le dit en termes exprès à la page 189
de son *Traité de physique*, IV, où, faisant inter-

venir un rayon incident quelconque *a* (fig. 1548),
il l'admet à peine abordant le prisme ABC, qu'il
se divise dans son intérieur en deux rayons extrêmes séparés par cinq autres intermédiaires
sous-entendus. On peut ici suivre sur notre figure
partiellement calquée sur celle de M. Daguin, à

Fig. 1548.

partir de *b*, la mar-
che du rayon rouge,
moins réfracté, *bmr*,
et celle du rayon
violet, plus réfrac-
té, *bnv;* et l'on y voit que ces deux rayons
extrêmes, le rouge et le violet, ne sont pas seulement un démembrement du rayon blanc primitif *ab*, mais encore que le démembrement
commence en *b*, qu'il se poursuit ensuite — sans
entrecroisement aucun — de *b* en *m* et *n*, et qu'il
achève seulement d'apparaître — par simple gros-
sissement d'écart — dans le trajet ultérieur et
final de *m* en *r* ou de *n* en *v*. Tel étant l'enseignement admis, nous en prenons simplement acte

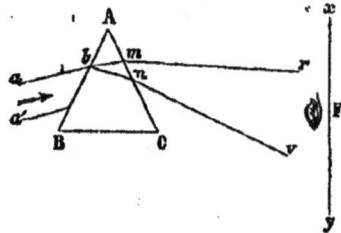

en ce moment, et revenons de suite à notre af-
faire.

6. La contradiction sur laquelle nous devons
principalement concentrer désormais toute notre
attention, consiste, si l'on s'en souvient, en ce
que, — tandis qu'un rayon blanc, émané du *soleil* et tombant sur un prisme, s'y réfracte, en le
traversant, de manière à produire à sa sortie, sur
un *écran*, une image allongée dont le bout occupé
par le violet est toujours situé vers la *base* du
prisme, — tout rayon blanc émané d'un *corps
quelconque* et tombant sur le même prisme, s'y
réfracte au contraire en le traversant, de manière
à produire à sa sortie, dans *l'œil*, une image
allongée, dont le bout occupé par le violet apparaît
situé vers le *sommet* du prisme.

Cette contradiction comprend donc, en totalité,
quatre termes, savoir : deux termes relatifs à
l'origine du rayon, qui sont : là, le *soleil*, ici,
un *corps* quelconque; deux termes relatifs à *l'ob-
jectif* où va se peindre immédiatement le rayon

naturel incident, qui sont: là, l'*écran*, ici, l'*œil*. Mais déjà nous pouvons reconnaître aisément que la distinction entre les deux *origines* énoncées du rayon lumineux n'est ici rien d'essentiel et peut dès-lors être négligée sans inconvénient. Car, qu'un rayon blanc vienne immédiatement du soleil, ou qu'il n'en vienne que médiatement après avoir été réfléchi par un autre corps, il ne paraît point qu'il change pour cela de nature, comme il est aisé de le voir par l'expérience, en recevant tour à tour sur un prisme des rayons solaires *directs* et *réfléchis*. Donc, nous pouvons ici négliger la première opposition, et tenir seulement compte, pour constituer notre contradiction, de la seconde.

Voici, du reste, un moyen direct et bien simple de se démontrer l'identité des deux cas, ou bien de ne faire des deux qu'un seul: ce moyen consiste à prendre un rayon solaire, et à regarder ensuite ce *même rayon*, après sa sortie du prisme, soit tel qu'il s'étale sur l'*écran*, soit tel qu'il apparaît immédiatement à l'œil. Alors, en effet, les

deux cas impliqués par la contradiction se re-
produisent. Car, si l'on emploie l'*écran*, le violet
apparaît rejeté vers la *base* du prisme ; si l'on
emploie l'*œil* seul, le rouge prend la place du violet,
et ce dernier apparaît rejeté vers le *sommet*. La
contradiction résulte donc du seul emploi varié
des objectifs immédiats *écran* et *œil*.

7. En disant tout à l'heure que la contradiction résulte de l'emploi varié des objectifs *écran*
et *œil*, nous n'avons pas voulu dire qu'elle en
dépend pour sa réalisation, mais seulement qu'elle
en dépend pour sa manifestation. Ainsi, ce va-
riable emploi d'objectifs, tout nécessaire qu'il est
à son apparition, ne l'effectue pas le moins du
monde, et sa raison d'être est toute ailleurs. Car
comment admettre, par exemple, que l'*écran* lui-
même est cause du refoulement du violet vers la
base du prisme, ou que l'*œil* est à son tour cause
de la contraire apparition vers le *sommet* ? Ap-
préciant froidement le rôle de ces deux objectifs
écran et *œil*, on conçoit très bien qu'ils ne sont,

là , nullement actifs , mais passifs , c'est-à-dire
qu'ils ne font que manifester ou dire ce qui est.
L'écran montre donc le rouge et le violet où sont
pour lui ces deux couleurs ; et, de même, l'œil
perçoit rouge et violet où sont pour lui les mêmes
apparences. Recherchant alors le vrai *principe*
actif de la contradiction, nous pouvons donc
encore faire abstraction de ces deux termes,
essentiels pourtant cette 'fois, que nous avions
conservés, et l'imaginer réduit en un dernier
terme, encore inconnu, mais bien unique, dont
la nature, en quelque sorte mixte, se prête in-
différemment aux deux rôles spéciaux de l'écran
et de l'œil, seuls en état d'accentuer à leur tour
le sien propre.

Quel sera, maintenant, ce cinquième et dernier
terme? Nous n'avons pas de peine à le trouver :
c'est le prisme. Non, toutefois, le prisme fonc-
tionnant comme l'imagine M. Daguin (fig. 1548),
avec tous les physiciens de l'époque actuelle. Car,
dans cette manière de le concevoir opérant , il
est impossible d'obtenir le double résultat inversé

ou contradictoire successivement accusé par
l'écran et l'œil. Revenons, en effet, un moment
ici sur la fig. 1548, et plaçons en *F*, tantôt un
écran sur lequel se reflètent les rayons rouge
mr et violet *nv*, tantôt un *œil* percevant immédiatement les deux mêmes rayons. Plaçons-nous
d'abord en *F* l'écran : il est évident que le rouge
en avoisinera le bout *x*, et le violet le bout *y*
situé du même côté que la *base* du prisme. Plaçons-nous ensuite en *F* l'œil : il devra percevoir
les rayons rouge et violet sur leur prolongement[1],
jusqu'à la surface d'entrée peut-être, où, s'ils
commencent à se distinguer, le rouge apparaîtra
supérieur au violet, puisqu'on n'admet point
d'entrecroisement de rayons. Donc, dans la commune manière de concevoir par décomposition
prismatique la réfraction des rayons colorés, la
contradiction signalée par l'expérience est entière-
ment impossible.

---

[1] C'est admis par les physiciens eux-mêmes ; voyez M. Ganot, pag. 420, 12e édit.

Or, un fait bien observé ne se rejette jamais ;
mais une explication, une manière de voir, une
théorie, sont choses rejetables et devant même
toujours se rejeter, quand elles ne se concilient
point avec un fait donné qui les combat. Au lieu
donc d'admettre, avec les physiciens, à la surface
d'entrée du prisme, une première décomposition
du rayon blanc incident, laquelle se poursuit
ensuite dans le même ordre ou sans entrecroisement, tant en dedans qu'à la sortie du prisme,
nous devons admettre que, comme on peut le voir
ici représenté fig. *D*, tout rayon blanc incident,
tombant obliquement sur un prisme, glisse en
quelque sorte sur sa première surface, eu s'y dé-

Fig. D.

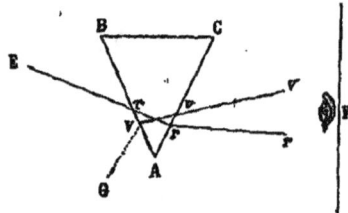

composant en rayons colorés de plus en plus réfrangibles, pour se réfracter ensuite en dedans

avec préséance des rayons plus réfrangibles sur les autres, d'où il résulte qu'ils s'entrecroisent et sortent dans un ordre inverse. Et, de fait, il en est ainsi.

Pour le voir, nous placerons, comme tout à l'heure, tour à tour l'écran et l'œil en *F* (fig. *D*). Y plaçant d'abord l'écran, nous comprenons très-bien qu'il montre les rayons rouge et violet aux lieux mêmes où il les intercepte, et par conséquent là où ils sont. Y plaçant ensuite l'œil, nous comprenons de même que l'œil, autrement passif que l'écran, remonte les mêmes rayons pour assister à leur origine sur la surface d'entrée du prisme. Mais alors l'œil qui, s'il était écran, verrait ou montrerait le violet au haut de la figure, le voit en bas, c'est-à-dire vers le *sommet* du prisme.... Il dépend donc réellement de l'*écran* et de l'*œil* d'accuser deux situations opposées pour les couleurs extrêmes du spectre ; mais cette opposition d'ordre ou de situation est un pur effet de l'entrecroisement des rayons extrêmes dans l'intérieur du prisme, et de leur préalable décomposition à son entrée.

5

8. Ces idées vont sans doute répugner beaucoup aux physiciens, depuis longtemps habitués à d'autres; mais y aurait-il par hasard prescription dans cet ordre de choses? Assurément non. En fait de doctrines , rien ne doit demeurer que ce qu'on ne peut renverser par l'expérience ou la raison. Or ici, nous l'avons démontré, l'expérience et la raison parlent on ne peut plus haut ni plus clairement. D'abord l'expérience dit : «Ce qui est droit sur l'écran est renversé sur la rétine; et (*vice versâ*) ce qui est droit sur la rétine, est renversé sur l'écran.» Puis, la raison intervient et ajoute: «Cette inversion ne peut venir ni de l'écran ni de la rétine même : donc elle provient du prisme ; donc les rayons ne se propagent pas simplement dans le prisme en forme de patte d'oie, comme l'ont imaginé les physiciens, mais en forme de X.» Ce n'est pas tout, il faut alors que la décomposition des rayons naturels par le prisme ait lieu tout entière sur la surface même d'entrée.

Nul physicien, il est vrai, ne le veut reconnaître; et tous supposent, au contraire, que la décomposition se fait à partir de la surface et dans l'intérieur même du cristal, où les rayons élémentaires, une fois séparés, continuent à se répandre en *divergeant*. Néanmoins, ils ne sont pas toujours fidèles à maintenir cette dernière condition du phénomène. Par exemple, M. Daguin (IV, 187), exposant une expérience qu'il appelle l'expérience de Charles, admet qu'un rayon naturel incident, tel que SA (fig. *372* et *D*), tombant sur la face d'entrée BA, la pénètre indivis, et se divise seulement au dedans d'elle en deux rayons extrêmes, r et v, toujours *parallèles* l'un à l'autre, lesquels, réfléchis d'abord intérieurement sur AC, réfléchis encore intérieurement sur CB, sortent enfin par BA, et forment au dehors un spectre H''. Cette marche *parallèle* des rayons r et v, positivement reconnus divergents en principe (*fig. 1548*), a naturellement de quoi nous surprendre, et prouve déjà que l'auteur ne vise point en ce moment à la rigueur scientifique. Examinant ensuite son assertion relative au circuit du rayon incident présupposé toucher successivement aux trois faces *BA, AC, CB,* avant de s'étaler en *H″*, nous ne trouvons pas de prime abord, en notre manière de voir, de raison absolue de l'adopter ni de la rejeter ; nous la laisserons donc passer provisoirement. Mais il reste toujours à savoir si l'auteur est également en droit d'expliquer, par le seul fait d'une inégale réfraction dans l'intérieur du prisme, la décomposition du rayon naturel incident en ses deux composants extrêmes *r* et *v* ; et là-dessus nous devons nous déclarer contre lui, pour soutenir au contraire que *cette décomposition est, avant tout, un effet de réflexion, tout au plus redevable à la réfraction des plus commodes ou plus faciles occasions qu'elle peut avoir d'apparaître plus tard.* A l'appui de cette proposition, nous ajouterons aux preuves déjà données les trois expériences suivantes, que nous n'avons vues signalées nulle part.

Pour voir apparaître d'abord par manière de réflexion un seul spectre *H″*, il suffit de recevoir sur un prisme un petit faisceau de lumière solaire qui donne alors, sur le sol de l'appartement, les deux spectres H' et H'' disposés l'un à côté de l'autre, dans l'ordre marqué *fig. 372.* Mais le spectre H'' étant de fait le plus faible des deux, si l'on admet qu'il se transforme en plusieurs autres, sa transformation en une série de nouveaux spectres devra l'affaiblir encore davantage, et, pour remédier à cet inconvénient, nous en avons alors ménagé l'aperception en opérant au dedans d'une fenêtre munie de barreaux, et projetant à l'ombre de ces barreaux les rayons colorés obtenus par inclinaison de plus en plus avancée, sur la direction du rayon incident. de la face d'entrée du prisme.

Pour voir apparaître ensuite par manière de réfraction la même série de petits spectres, nous nous sommes servi de la lumière d'une lampe. Regardant de F (*fig. D*) le spectre rv, l'on aperçoit immédiatement sur la face BA du prisme une petite bande verticale de lumière blanche. Faisant alors tourner le prisme sur son axe, on voit des stries se dessiner sur cette bande, et dans ces

stries on reconnaît des traces évidentes de dé-
compositions spectrales répétées.

Enfin, pour voir la même série de spectres
apparaître dans une sorte de contre-épreuve dont
nous parlerons, plus loin (§ 11), nous avons
d'abord placé le prisme de manière à nous donner
(l'œil étant en *E*) le spectre *r' v'* ; et puis, l'éle-
vant plus ou moins, nous en avons présenté la
face *BA*, sous diverses inclinaisons, au rayon lumineux incident *G*: regardant alors sur cette face,
nous avons vu se produire immédiatement ,
comme par ricochets, une longue traînée de
spectres commencés, parfaitement distincts. Cette
dernière expérience ne nous a toutefois bien
réussi qu'avec un prisme de quartz.

De l'ensemble et de chacune de ces expériences, il résulte maintenant que la décomposition
d'un faisceau de lumière naturelle doit pouvoir
être regardée comme provenant de réflexion bien
plutôt que de réfraction. En effet :

Dans la première expérience, la multiplication
des spectres dépend de l'incidence, et, plus on

incline la face d'entrée du prisme sur la direction
du rayon incident, plus on allonge l'image de la
lumière se projetant sur elle ; c'est pourquoi,
comme les spectres s'y multiplient, on peut la
dire au moins *fictivement* divisible en autant de
zones séparées qu'il y a de spectres apparents.
Mais cette première division de l'image en zones
séparées ne peut point n'être que fictive ou non
réelle. Car, dans ces conditions, elle ne pourrait
donner qu'un spectre continu d'un bout à l'autre,
suivant l'ordre de réfrangibilité des couleurs. Or,
les mêmes couleurs s'y montrent au contraire
plusieurs fois répétées à distance. Donc les zones
d'abord présupposées fictives ne le sont point
réellement, ou bien elles sont de vraies zones su-
bissant chacune une décomposition spectrale
différente.

Dans la seconde expérience, on voit les divers
spectres consécutifs apparaître sur la face d'entrée
comme s'ils y étaient réellement. Mais, si la décomposition du rayon incident s'opérait ailleurs
ou sur quelque autre face, quelle raison aurait-on

de l'apercevoir justement sur la face d'entrée? Aucune.... On l'y voit donc, parce qu'elle s'y produit ; et cette face est à la fois le siège et des apparences et du fait.

Enfin, dans la troisième expérience, les spectres sont rangés l'un à la suite de l'autre sans le moindre contact. Or, si dans ce cas le rayon lumineux incident restait indivis sur toute l'étendue de la face d'entrée, pour ne se décomposer qu'au dedans, la séparation des couleurs émergentes devrait naturellement s'effectuer aussi d'une manière continue d'un bout de l'image à l'autre, et l'on n'aurait ainsi, par exemple, que du rouge simple à un bout, que du violet simple à l'autre. Donc, puisque cela n'est pas, il faut admettre que, de distance en distance, le rayon naturel incident se décompose sur la face d'entrée du prisme, d'abord en zones, et puis en spectres consécutifs.

Si, maintenant, la lumière naturelle se décompose par simple choc sur la face d'entrée des prismes en images spectrales, rien n'empêche d'admettre que ces images, une fois produites, soient aussi susceptibles de réflexion que la lumière blanche naturelle. On peut donc avoir, en certains cas au moins, des spectres *réfléchis*, comme on a des spectres *réfractés*; seulement, ceux-là semblent alors devoir suivre la direction ou subir la loi de ces derniers, comme en étant inséparables.

9. L'importance de cette théorie ressort assez d'elle-même ; nous nous contenterons alors de la signaler, en disant qu'elle nous donne le secret de l'expérience de Monge, et la vraie raison du redressement des images dans le phénomène de la vision.

Pourquoi d'abord les physiciens, interprétant l'expérience de Monge, se sont-ils unanimement attribué le droit d'y faire intervenir sans crainte *deux* rayons *immédiats*, dont la décomposition, fournissant *quatre* images, les mettait par là même en mesure de pouvoir ensuite anéantir à leur gré les *deux* dont ils n'avaient pas besoin ? C'était par la persuasion que, la réfraction seule

dédoublant les rayons , et cet effet ne pouvant
d'ailleurs être jamais supprimé par l'interruption
avant d'être produit (ou bien avant l'arrivée du
rayon lumineux dans le spath réfracteur), il leur
fallait nécessairement , à la vue d'une image bien
réellement supprimée par la seule interposition
d'un écran sur le trajet de la lumière non arrivée
jusqu'au cristal, admettre un nouveau rayon naturel similairement décomposable, et susceptible
ainsi d'éprouver sur lui-même l'interruption dont
un rayon partiel , né dans l'intérieur même du
cristal, ne serait point capable.

Contre cette explication ou supposition, nous
avons fait valoir, entre autres raisons : qu'elle ne
rendait point compte de la constante réduction
des images apparues, à deux ; qu'elle surchar-
geait très-gratuitement l'exceptionnelle faculté
de *dédoublement* des cristaux , d'une nouvelle
faculté d'*élection* ou de *sélection* bien plus exceptionnelle ou singulière encore, et que, enfin,
il était des cas, tels que ceux de nos *seconde*
et *troisième* expériences, où la multiplication des

rayons naturels incidents n'était plus admissible,
et où cependant les mêmes effets de suppression
intervertie de l'une et de l'autre des images se
produisaient encore. Ces raisons nous semblaient
bien suffisantes pour entraîner la conviction de
nos lecteurs ; mais non moins frappé de l'appui
que les faits de l'expérience de Monge prêtaient
à certaines idées philosophiques goûtées de nous,
que jaloux de montrer immédiatement en ces
dernières la vraie raison d'être de ceux-là, nous
avons voulu trop tôt les mettre en scène. Une
pareille interprétation toute *synthétique* ne pouvait naturellement faire impression sur des es-
prits amateurs exclusifs de l'analyse, prédisposés
à ne voir en tous nos développements que des
symboles ; et pourtant, malgré ces pressentiments,
nous hésitions encore à nous lancer dans la voie
des recherches *analytiques*, si pleines d'écueils
par les détails, quand l'objet du présent écrit est
venu nous permettre de dire hardiment, quoique
très-sommairement encore, ce dernier mot:
« la clef de tous ces phénomènes est la réflexion

(au moins initiale , comme il a été dit) ».

Dans l'expérience de Monge, par exemple, le rayon naturel incident peut se réfléchir également à la rencontre et du spath et de l'écran. Faute d'écran, il frappe sur le spath, comme , l'écran intervenant, il heurte de même ce dernier. Mais le spath, choqué par le rayon naturel incident, ne le réfléchit pas tout à coup ; il l'arrête seulement un instant pour le décomposer *formellement*, et lui livre passage ensuite. L'écran, au contraire, arrête d'abord au passage le rayon naturel, pour le décomposer *formellement* à la faveur du choc ; et il laisse ensuite passer sur son bord, suivant les cas (que nous ne chercherons pas à préciser ici davantage), tantôt la partie la plus centrale du même rayon (l'image *O*), tantôt la partie la moins centrale, détachée par le *choc* de la précédente, et tournant sans doute dès lors à son entour (l'image *E*). Discutant l'expérience de Monge, nous ne pouvions dire immédiatement tout cela, sans avoir l'air de faire en quelque sorte un roman ; mais maintenant, sa-

chant, à n'en pouvoir douter, que la réflexion suffit
à décomposer *physiquement* un rayon blanc en
sept couleurs élémentaires , nous ne craignons
plus d'aller jusqu'au bout et de dire, de même,
qu'elle suffit à décomposer un rayon naturel en
ses deux polarisés. Il n'y a d'autre différence entre
les deux cas, que celle entre la décomposition
initiale de la lumière en (*ses 2*) *espèces* et la
décomposition finale de la même lumière en (*ses
7*) *éléments* [1] (réels ou supposés peu importe).

---

[1] Un prisme biréfringent, v. g., de quartz, a la vertu de
décomposer (avec ou sans intervalle de temps), d'abord ou ra-
dicalement, un rayon naturel en ses deux *polarisés*, puis ou
subsidiairement, chacun de ces derniers en ses *éléments* colorés respectifs. Un prisme uniréfringent, v. g., de flint, a la
vertu de décomposer immédiatement tout rayon lumineux,
soit *naturel*, soit *polarisé*, en éléments colorés relativement
simples. Nous nous expliquons cette double sorte de décomposition *formelle* d'abord, *physique* ensuite, au moyen de la
préalable résistance du cristal à la pénétration des rayons lumineux, et du choc qui s'ensuit. Dans ce choc, la lumière, ou se
dédouble simplement d'abord, ou finit par se décomposer tout
à fait. Elle se dédouble par la multiplication des *centres* portés,
d'un à deux. Elle se décompose tout à fait dans les cas d'o-
bliquité plus considérable, en ce qu'elle conctracte alors, à
bout de réduction, certaines *directions linéaires*, pareilles à

Pour résoudre la question du redressement des images dans le phénomène de la vision, on a proposé, comme l'on sait, trois hypothèses qu'il y aurait lieu de ranger, ce nous semble, selon mérite, dans l'ordre suivant. La première hypothèse attribue le redressement des images à l'*habitude* constante où l'on est de rapporter, par exemple, en haut conformément aux déclarations du *tact*, ce que *l'œil* seul nous porterait à croire en bas, ou *vice versâ*. La seconde hypothèse fait dépendre le redressement des images de cette idée métaphysique, qu'il n'y a ni *haut* ni *bas* absolus, et qu'ainsi les seuls vrais *haut* et *bas* sont ceux déclarés tels par le rapport de l'ensemble de nos aperceptions. La troisième hypothèse, enfin,

des *rayons de courbure* de longueur décroissante, dont l'avènement subit et répété par paires complète *qualitativement* l'avènement préalable des deux *plans circulaires ex-* ou *con*-centriques, comme ces dernières ont déjà complété le premier *état sphérique* de la lumière originairement indistincte. Nous avons dit : *qualitativement*, parce que, *quantitativement* il n'y a point de limite assignable à la décomposition *physique* de la lumière.

attribue le redressement des images à l'œil même,
et pose en loi, d'après M. Daguin (IV, 528),
que toujours *nous transportons l'impression
reçue, dans la direction normale à la surface
de la rétine.* Acceptant cette troisième hypothèse,
nous ne saurions pourtant l'adopter sous cette
dernière forme. Car, là, par exemple, où la rétine
serait plate, est-ce qu'elle n'aurait ou ne donnerait
point le sentiment de la direction réelle du rayon
lumineux la pénétrant obliquement ? Il nous
semble qu'on serait à tort gratuitement affirmatif
sur cet article. Ne voulant accepter cette troisième explication qu'exempte de ce qui pourrait
tant soit peu l'infirmer, nous serons donc moins
explicite, et nous nous contenterons de dire
que l'œil redresse les images, parce qu'il voit
toujours, comme nous l'avons admis déjà (§.
7), dans la direction du rayon lumineux qui
l'aborde et le *pénètre.* Ce dernier mot est essentiel. Mais est-il, au moins, bien sûr que l'œil voit
constamment ou par lui-même, dans cette direction ? Parfaitement ; car c'est là justement ce que

nous avons eu lieu de constater en remarquant
sur la fig. *D*, que l'œil, suivant la direction du
rayon lumineux, voit en bas le violet, qui est en
haut sur l'écran, et en haut le rouge qui, sur
l'écran, est en bas. Donc, grâce à la contradiction
traitée dans cet écrit, ou mieux au fait d'entrecroisement qu'elle implique, l'expérience décide ici
nettement en faveur de la troisième hypothèse,
ou bien cette hypothèse n'est plus une hypothèse
mais un fait nouveau, désormais acquis à la
science.

10. Le procédé *synthétique* n'est tombé de
nos jours en si grand discrédit, dans l'étude des
phénomènes naturels, que parce qu'on ne l'a point
appliqué comme il devait l'être, et, si ceux qui
prônent et pratiquent avec tant de zèle, exclusive-
ment aujourd'hui, l'*analytique*, n'y mettent pas
plus de prudence qu'ils ne l'ont fait jusqu'à cette
heure, il viendra de même un temps où l'on ne
voudra pas plus de ce dernier que de l'autre, à
moins qu'on n'imagine ou n'accepte une nouvelle

méthode les impliquant tous deux ensemble, et les faisant ainsi servir à se compléter mutuellement. Le procédé *synthétique* a d'abord l'avantage de rendre en quelque sorte la nature vivante ; car il en retrace ou décrit les lois, comme on le ferait des lois civiles ou sociales, dont chacun apprécie très-bien d'avance ou par soi-même les mobiles, moyens ou fins. De son côté, l'*analytique* a bien aussi sa clarté propre, mais elle est toute formelle ou mathématique ; car elle roule tout entière sur les idées abstraites du temps, de l'espace et du mouvement, sans y joindre la moindre notion des idées réelles d'activité subjective ou d'intrinsèque causalité, qui pourraient seules les animer ou rendre sensibles.

Il résulte de là que, si le procédé synthétique vise à l'*exactitude*, impossible sans l'expression de la forme, il doit s'appuyer sur l'analytique, qui donne la formule. Mais, par la même raison, si l'analytique vise à la véritable *intelligence* des choses impossible sans les considérations de fond, il doit s'appuyer à son tour sur le synthétique, seul propre

4

à fournir les idées types ou prototypes. Quand
alors, par exemple, dans notre précédent mé-
moire n° 3, nous avons cru devoir donner le pas
au procédé synthétique, nous ne l'avons point pour
cela séparé, dans notre pensée, de l'analytique, mais
nous avons fait comme l'homme qui veut mar-
cher ou marche, et qui déplace à cette fin un pied,
pendant qu'il pose ou s'appuie sur l'autre. Le
procédé dit analytique, que nous semblions négliger, ne laissait point ainsi de former comme
notre réserve ou notre force ; et, par l'emploi que
nous avons commencé d'en faire aujourd'hui, l'on
peut déjà se convaincre que notre recours à lui
n'a point été l'expédient tardif et désespéré d'un
homme prêt à perdre sa cause. Mais ceux-là
font assurément abus de ce dernier procédé, qui,
se contentant d'étudier la nature dans ses formes
essentiellement mobiles et changeantes, construi-
sent de savantes formules mathématiques propres
à retracer, moyennant convenable modification
de variables ou de constantes, par exemple, toutes les sortes de polarisations possibles : recti-

ligne, circulaire, elliptique, hyperbolique, cru-
ciale, spirale, etc. Car, quand on a dressé ces
formules, que sait-on réellement de plus sur le
fond ou l'essence du phénomène, que l'homme
le plus illettré, ne sachant ni *a* ni *b* ? Rien, assurément. Dans ce cas, chose étrange ! on n'a
pas même la satisfaction de savoir, à proprement
parler, ce qu'on croit savoir, puisque la manière
dont on le sait (qu'on n'oublie point qu'ici la
manière ou la *forme* sont tout) n'exclut point une
autre manière de savoir ou d'envisager la chose;
témoin M. Billet disant le plus sérieusement du
monde (*Traité d'Optique*, II, 5) : « La science
n'existe que par la diversité des points de vue, par
les manières multiples d'envisager et de constituer
une même chose. » Après un tel passage, toute
insistance de notre part serait vraiment super-
flue. Quand un savant déclare ainsi sans ména-
gement ne rien savoir d'absolu, de réel ou de
définitif, il prononce de lui-même, et contre lui-
même ou sa science, le plus irréfragable arrêt de
mort.

11. Dans notre exposition, la décomposition
de la lumière par les prismes est essentiellement
linéaire dans le sens longitudinal du développement des spectres, et *rectiligne* dans le sens
transversal. Cette disposition *prismatique* des
couleurs est le fond en quelque sorte général de
toute autre disposition ultérieurement possible,
v. g., *circulaire, elliptique, hyperbolique*, etc.
Comment cette transformation s'opère-t-elle, alors,
en tout sens et de toute manière ? C'est ce que nous
nous proposons de rechercher et d'exposer dans
une prochaine étude sur la décomposition de la
lumière par les cristaux. Cependant, malgré cette
réserve, notre exposition actuelle resterait incom-
plète, si nous n'ajoutions à l'appui de ce qui précède une dernière expérience.

Pour cela, nous considérerons le cas dans
lequel, tandis qu'on aurait l'œil en *E* (*fig. D*), le
rayon incident viendrait de *G* en *v*. Dans ce cas
particulier, il est d'abord aisé de s'assurer qu'avec
ces données on obtient une image spectrale réfléchie, non sur la face d'entrée *AB*, mais sur la

face opposée *AC*, dont le rouge est bien situé, comme il convient pour l'*œil*, vers la base, et le violet vers le sommet du prisme. Voulant alors expliquer ce fait, on peut dire, avec la foule des physiciens, que le rayon incident, pénétrant le cristal en *v*, s'y décompose immédiatement en deux rayons extrêmes *rouge* et *violet*, allant, le premier, de *v* en *v'*, et le second, de *v* en *r'*; ou, avec nous, que le rayon incident se déroule de *v* en *r*, en déposant le rouge en *v* et le violet en *r*, pour se réfracter ensuite, par ordre de réfrangibilité, de *v* en *v'* et de *r* en *r'* (échange de lettres par conséquent). Et manifestement, puisque dans ces *deux* manières de voir le rouge et le violet sont censés aboutir aux mêmes points respectifs *v'* et *r'*, l'image réfléchie de ces deux points vers *E* doit apparaître la même ; mais, dans l'opinion *commune*, le rayon incident n'éprouve point de rotation sur lui-même, et, dans la *nôtre* au contraire, il en éprouve une atteinte sensible, marquée par l'entrecroisement des rayons *vv'* et *rr'*. Afin de vérifier ce point, nous avons alors

imaginé de comparer avec l'image *spectrale* déjà
présupposée se réfléchir sur *AC*, l'image *blanche*
du même rayon incident réfléchie sur *AB*. Regardant en effet ainsi par double réflexion la
flamme d'une lampe, on en peut amener les deux
images *spectrale* et *blanche*, simultanées, à
coïncider par leur base ; et l'on voit alors, tandis
que l'image *blanche* apparaît *renversée* comme
les arbres d'un rivage vus dans l'eau, l'image
spectrale *droite*. Or, quand les deux images
apparaissent ainsi l'une droite et l'autre renversée,
comment se fait-il que la *spectrale* soit justement
celle qui paraît droite, si par hypothèse elle ne
subit d'avance un second renversement qui la redresse, en corrigeant le premier renversement de
l'autre image? Ne provenant que de décomposi-
sition, ce renversement ne porterait que sur la
coloration: il porte sur la *forme;* il est donc
entier. Ainsi, nos idées sur la formation des
images spectrales obtiennent une dernière con-
firmation ; et nous n'hésitons plus par conséquent
à les admettre sans retour, au moins dans leur

ensemble, que nous résumerons en ces deux propositions :

1° Tout spectre s'étale plus ou moins sur la face d'entrée des prismes ;

2° Tout spectre, en s'étalant, éprouve ou contracte un mouvement au moins initial de rotation.

www.ingramcontent.com/pod-product-compliance
Lightning Source LLC
LaVergne TN
LVHW022032080426
835513LV00009B/991